CATALOGUE DESCRIPTIF

DES

ANCYLOCERAS

APPARTENANT

A L'ÉTAGE NÉOCOMIEN D'ESCRAGNOLLES ET DES BASSES-ALPES,

PAR

M. J.-E. ASTIER,

Régent d'histoire au Collége de Grasse, Associé correspondant de la Société d'agriculture, d'histoire naturelle et des arts utiles, et de la Société linnéenne de Lyon.

Accompagné de neuf Planches.

LYON,
IMPRIMERIE DE BARRET,
Rues Pizay, 11, et Lafont, 8.

1851.

6867

CATALOGUE DESCRIPTIF
DES ANCYLOCERAS
APPARTENANT
A L'ÉTAGE NÉOCOMIEN D'ESCRAGNOLLES ET DES BASSES-ALPES.

CATALOGUE DESCRIPTIF

DES

ANCYLOCERAS

APPARTENANT

A L'ÉTAGE NÉOCOMIEN D'ESCRAGNOLLES
ET DES BASSES-ALPES,

PAR

M. J.-E. ASTIER,

Régent d'histoire au Collège de Grasse, Associé correspondant de la Société d'agriculture,
d'histoire naturelle et des arts utiles, et de la Société linnéenne de Lyon.

Accompagné de neuf Planches représentant dix-sept espèces inédites

Lu à la *Société nationale d'agriculture, d'histoire naturelle et des arts utiles de Lyon*, dans la séance du 2 mai 1851.

LYON,
IMPRIMERIE DE BARRET,
Rues Pizay, 11, et Lafont, 8.

1851.

CATALOGUE DESCRIPTIF
DES ANCYLOCERAS

APPARTENANT

A L'ÉTAGE NÉOCOMIEN D'ESCRAGNOLLES ET DES BASSES-ALPES.

Observations sur les genres Crioceras et Ancyloceras.

Léveillé, en 1836, avait créé le genre *Crioceras* pour des céphalopodes cloisonnés, à tours disjoints, trouvés à Escragnolles et dans les Basses-Alpes, par MM. Duval-Jouve et Eméric. Plus tard, le savant auteur de la *Paléontologie française*, a classé dans un genre nouveau auquel il donna le nom d'*Ancyloceras*, d'autres céphalopodes de la même famille, ne différant des précédents que par le dernier tour *qui se projette en crosse à un certain âge.* L'insuffisance des matériaux que M. Alcide d'Orbigny avait alors à sa disposition ne lui permettait guère de juger s'il y avait identité entre les deux genres, et la différence extérieure qu'il avait remarquée entre eux dût le porter à les conserver tous les deux.

Cependant, les recherches auxquelles je me suis livré pendant plusieurs années ont mis à ma disposition des centaines de *Crioceras*, sans que jamais il s'en soit rencontré un, de quelque âge et de quelque dimension qu'il fût, qui présentât un achèvement complet. Que penser de cela, sinon que ces fossiles ne sont que des moules inachevés de mollusques dont le développement devait s'opérer lentement, surtout dans les grandes espèces, et qui avaient à peine commencé à se développer lorsqu'ils ont cessé de vivre? Ce qui le prouve, c'est qu'indépendamment des enroulements réguliers que l'on trouve en grand nombre dans nos pays, on y rencontre aussi quelquefois des échantillons dont le dernier tour commence à s'allonger en ligne droite, d'autres ou le prolongement devient plus considérable, quelques-uns enfin dont la partie déroulée se recourbe en crosse et se rapproche plus ou moins du dernier tour de spire. Ces observations souvent répétées m'ont confirmé dans la pensée que les céphalopodes considérés jusqu'ici comme des *crioceras* par les uns, comme des *ancyloceras* par les autres, n'étaient que des individus plus ou moins complets d'espèces appartenant au même genre, et les savants à qui j'ai pu les soumettre ont tous été du même avis. M. d'Orbigny lui-même n'en paraît pas éloigné. Lors de son dernier voyage chez nous, je n'avais pu lui montrer à l'appui de mon opinion qu'un échantillon entier du *Crioceras Emerici*. Il sembla ébranlé à la vue de ce beau fossile, mais ne pensant pas qu'une seule exception suffit pour revenir d'une manière absolue sur le travail de son prédécesseur ou sur le sien, il s'est borné à transporter parmi ses ancyloceras l'espèce de crioceras dont il est question. De nouvelles découvertes faites depuis lors par mes amis et par moi ont achevé de me convaincre; et si la connaissance d'un individu complet a suffi pour faire passer l'espèce d'un genre dans un autre, nul doute qu'il ne faille en faire autant pour les *Crioceras Duvalii, Villiersianus, Alpinus* et *Astierianus*, puisqu'ils se trouvent dans le même cas.

En effet, j'ai rencontré à Anglès et à Cheiron (Basses-Alpes) des échantillons du *Crioceras Duvalii*, dont le dernier tour se projette en une ligne arquée comme dans les *Ancyloceras dilatatus et ornatus* de M. d'Orbigny.

J'ai aussi, d'Anglès, plusieurs échantillons du *Crioceras Villiersianus* avec leur prolongement bien marqué, et M. Panescorse, agent-voyer à Draguignan, m'a communiqué un échantillon de la même espèce, trouvé par lui à Aiglun (Var), dont le dernier tour, à son extrémité, est presque droit.

Le *Crioceras alpinus* que M. d'Orbigny tient de moi, et qu'il vient de citer dans son *Prodrôme de Paléontologie stratigraphique*, ne diffère en rien, quant à la manière dont il s'enroule, de mon *Ancyloceras Vanden-Heckii*, que j'ai trouvé plus tard dans la même localité.

Enfin M. Duval-Jouve a, de Clar près d'Escragnolles, le développement du *Crioceras Astierianus* avec la crosse, et je possède moi-même, des environs de Nice, deux prolongements appartenant à la même espèce.

Or, des observations faites sur ces espèces, et de ce que j'ai dit plus haut, ne pourrait-on pas tirer cette induction que les *Crioceras ne sont que des Ancyloceras incomplets* ou que *les Ancyloceras ne sont que des Crioceras complets*, et que les deux genres n'en font réellement qu'un ? La chose me semble assez logique, et je ne crains pas de dire que, si les naturalistes des autres pays prennent les mêmes précautions que mes amis et moi, et ne détachent les échantillons dont au premier abord l'enroulement seul est visible, qu'après avoir enlevé avec soin la roche qui recouvre la portion antérieure de la coquille, ils parviendront à obtenir pour les espèces de leurs localités les mêmes résultats que nous pour les nôtres. La question alors se trouvera jugée, et les personnes qui doutent encore n'hésiteront plus, je pense, à admettre la réunion proposée.

Mais, le fait une fois reconnu, reste à savoir quel nom on

devra conserver, sera-ce celui de M. d'Orbigny ou celui de Léveillé? Il me semble que la dénomination d'*Ancyloceras* (corne crochue ou recourbée) donnée par le premier se rapporte mieux à la forme de la majeure partie des coquilles en question, et que celle de *Crioceras* (corne de bélier) ne convient guère qu'au petit nombre, à celles surtout sur lesquelles mes recherches et celles de mes amis n'ont pu encore nous renseigner suffisamment. Je serai donc d'avis de donner aux deux genres réunis le nom qui rappelle le mieux la forme des espèces qui les composent. Ce parti n'offrirait pas plus d'inconvénient, et amènerait à coup sûr moins de confusion dans la nomenclature; puisque le nombre des *Crioceras* étant moindre que celui des *Ancyloceras*, la synonymie à ajouter à ceux-ci serait beaucoup plus courte.

Encore un mot avant de finir, aux seize espèces de nos contrées que Léveillé ou M. d'Orbigny ont déjà fait connaître, j'ai à en ajouter dix-sept nouvelles. Toutes ces espèces comparées entre elles offrent dans leurs formes des différences bien tranchées, et cette raison m'a donné l'idée de les distribuer en trois groupes : Si les naturalistes à qui je les soumets, ne les approuvent pas, ils y verront du moins le motif qui a déterminé l'ordre suivi dans ma liste et dans mes descriptions.

Je commence d'abord par placer toutes les espèces qui ne me sont pas entièrement connues, et dont je n'ai encore rencontré que l'enroulement dans une division provisoire. Plus tard, je les rangerai dans les groupes qui leur conviennent, à mesure que de nouvelles découvertes me permettront de mieux juger de leur forme. De ce nombre sont les *Crioceras cristatus*, *Cornelianus* et *Puzosianus* de M. d'Orbigny, et mes *Ancyloceras Kœchlini*, *Binelli* et *Panescorsii*, puis je passe aux groupes.

Dans le premier, je place les espèces à *forme arquée*, celles dont le dernier tour de spire se projette en une courbe plus ou moins distante des autres tours, et se termine par une crosse peu éloignée de la spire. Ces espèces sont les *Crioceras Duvalii* et *Emerici* de Léveillé, les *Ancyloceras ornatus*, *brevis*, *pulcherrimus* et *simplex* de M. d'Orbigny, et mes *Ancyloceras Sablieri*, *Pugnairii*, *Moutoni* et *Thiollierei*.

Dans le second groupe, je range les espèces à *forme recourbée*, celles dont le dernier tour légèrement flexueux vers le milieu de son prolongement se recourbe à l'extrémité et forme une crosse qui descend plus ou moins vers la spire; parmi ces espèces sont le *Crioceras Astierianus* de M. d'Orbigny, les *Ancyloceras Matheronianus*, *gigas*, *Astierianus* et *Puzosianus* du même auteur, et mes *Ancyloceras Mulsanti*, *Tabarelli*, *Fourneti*, *Vanden-Heckii* et *Audouli*.

Enfin dans le troisième, je fais entrer les espèces à *forme élancée*, celles dont la spire plus courte se prolonge en une ligne presque droite et forme à l'extrémité une crosse beaucoup plus distante des tours de spire que dans les groupes précédents. Ces espèces sont mes *Ancyloceras Jourdani*, *Terverii*, *Sartousii*, *Seringei* et *Jauberti*.

Nota. On remarquera que n'ayant en vue dans ce travail que ceux des *Ancyloceras* qui, jusqu'à ce jour, ont été trouvés dans nos environs, je n'ai pas cru devoir faire entrer dans la distribution par groupes les espèces recueillies en d'autres localités.

LISTE DES ESPÈCES DEJA CONNUES.

1° ANCYLOCERAS CRISTATUS (synonymie : *Crioceras cristatus*), d'Orbigny (*Paléontologie française*, tome I, page 467, planche 115, figures 4 à 8).

Cette espèce, que M. d'Orbigny a comprise dans ses Crioceras, se trouve près du logis Dupin, sur la route de Grasse à Castellane, tout près de la Doire, au pied de la colline qui s'élève à l'est de cette rivière. Elle n'y est jamais qu'en fragments.

2° ANCYLOCERAS CORNUELIANUS (syn. *Crioceras Cornuelianus*), d'Orb. (*Paléont. franç.*, t. I, p. 465, pl. 115, fig. 1 à 3.)

Cette espèce, comprise aussi dans les Crioceras par M. d'Orbigny, se trouve sur le revers septentrional de Cheiron et à Anglès, le long du torrent qui est en face du hameau. Elle y est rare.

3° ANCYLOCERAS PUZOSIANUS (synon. *Crioceras Puzosianus*), d'Orb. (*Paléont. franç.*, pag. 466, pl. 115 bis, fig. 1 et 2).

Cette espèce se trouve à Anglès dans la même localité que la précédente ; on la trouve aussi à Barrême. Elle y est rare.

4° ANCYLOCERAS DUVALII (synon. *Crioceras Duvalii*), d'Orb. (*Paléont. franç.*, t. I, pag. 459, pl. 113).

Cette espèce publiée par Léveillé sous le nom de Crioceras, se trouve dans presque toutes les localités où existe la formation néocomienne. Elle y est tantôt ronde, tantôt aplatie, et atteint quelquefois une assez grande dimension.

5° ANCYLOCERAS EMERICI (synon. *Crioceras Emerici*), d'Orb. (*Paléont. franç.*, t. I, pag. 463, pl. 114, fig. 3 à 5).

Cette espèce comprise par Léveillé dans les Crioceras, comme la précédente, a été plus tard rangée par M. d'Orbigny parmi les Ancyloceras. Je l'ai trouvé entière sur le versant méridional du ravin de St-Martin, près d'Escragnolles. Elle y est rare dans cet état, mais on y trouve en quantité des enroulements de toute dimension.

6° ANCYLOCERAS ORNATUS, d'Orb. (*Prodrôme de Paléont. stratigraphique*, t. II, pag. 101.)

J'ai trouvé cette jolie espèce à Anglès et à Cheiron. Elle n'y est pas commune.

7° ANCYLOCERAS BREVIS, d'Orb. (*Paléont. franç.*, terrains crétacés, t. I, pag. 508, pl. 127, fig. 5 à 7).

J'ai trouvé également cette espèce à Anglès et à Cheiron. Elle y est rare.

8° ANCYLOCERAS PULCHERRIMUS, d'Orb. (*Paléont. franç.*, terrains crétacés, t. I, pag. 495, pl. 121, fig. 3 à 7).

J'ai trouvé cette espèce à l'ouest d'Anglès, sur la colline située entre les noyers et l'Oratoire, au-dessus de la route qui longe le torrent. Je l'ai aussi trouvée sur le revers septentrional de Cheiron, montagne à 5 kilomètres au nord de Castellane, sur la route de St-André. Elle n'y est pas commune.

9° ANCYLOCERAS SIMPLEX, d'Orb. (*Paléont. franç.*, terrains crétacés, t. I, pag. 503, pl. 125, fig. 5 à 8).

J'ai trouvé à Cheiron un fort bel échantillon que je crois se rapporter à cette espèce. Elle y est très-rare.

10° ANCYLOCERAS ASTIERANUS (synon. *Crioceras Astieranus*), d'Orb. (*Paléont. franç.*, terrains crétacés, t. I, pag. 468, pl. 115 *bis*, fig. 3 à 5).

Cette espèce comprise par M. d'Orbigny parmi les Crioceras, se trouve à la Collette de Clar, près d'Escragnolles. Elle y est très-rare.

11° ANCYLOCERAS MATHERONIANUS, d'Orb. (*Paléont. franç.*, terrains crétacés, t. I, pag. 497, pl. 122).

Je n'ai jamais rencontré cette espèce qu'aux environs de Barrême (Basses-Alpes), sur une montagne à l'ouest de la ville, le long de la rivière d'Asse. Elle n'y est pas commune.

12° ANCYLOCERAS RENAUXIANUS, d'Orb. (syn. *Hamites gigas*, Sow.), *Paléont. franç.*, terrains crétacés, t. I, pag. 499, pl. 123.

Cette espèce a été trouvée par M. Duval-Jouve entre Eoux et Lagarde (Basses-Alpes). M. d'Orbigny, en 1847, lui avait rendu le nom que lui avaient déjà donné Sowerby et M. Forbes, en la classant, le premier parmi les Hamites, et le second parmi les Scaphites. Elle est connue aujourd'hui sous le nom d'*Ancyloceras gigas*, d'Orb. (*Prodrôme de Paléont. stratigraphique*, t. II, pag. 114.)

13° ANCYLOCERAS ASTIERIANUS, d'Orb. (*Prodr. de Paléont. stratigr.*, t. II, pag. 101).

Cette grande espèce, que M. d'Orbigny tient de moi, et qu'il a bien voulu me dédier, a été trouvée près d'Escragnolles, vers le milieu du revers méridional du ravin de St-Martin, non loin de la chapelle. M. Panescorse l'a aussi trouvée au fond de la vallée de Clar, commune d'Escragnolles, sous la route qui mène à Esclapon.

Si mes conclusions sont adoptées, et que le genre Crioceras soit réuni au genre Ancyloceras, cette espèce devra prendre un autre nom, ainsi que celle qui a été dédiée à M. Duval par M. d'Orbigny; nos noms devant rester, à mon avis, aux Crioceras qui les ont reçus les premiers.

14° ANCYLOCERAS PUZOSIANUS, d'Orb. (*Paléont. franç.*, terrains crétacés, t. I, pag. 506, pl. 127, fig. 1 à 4).

Cette espèce a été trouvée à Robion, par M. Duval-Jouve. Je ne l'ai jamais rencontrée.

La remarque que j'ai faite à propos de l'espèce précédente s'applique aussi à celle-ci, puisque le *Crioceras Puzosianus* (d'Orb.) devient un *Ancyloceras*, à mon sens.

15° ANCYLOCERAS CINCTUS, d'Orb. (*Paléont. franç.*, terrains crétacés, t. I, pag. 102, pl. 125, fig. 1 à 4).

Cette espèce a été trouvée à Cheiron, par M. Duval-Jouve. Je ne l'ai jamais rencontrée.

16° ANCYLOCERAS FURCATUS, d'Orb. (*Paléont. franç.*, terrains crétacés, t. I, pag. 509, pl. 127, fig. 8 à 12).

Cette espèce a été trouvée à Robion, par M. Eméric de Castelane. Je ne l'ai jamais rencontrée.

N. B. Ces deux dernières espèces ayant été décrites par M. d'Orbigny sur un simple fragment de chacune, et la forme véritable n'en étant pas connue, je n'ai pas cru devoir les comprendre dans mes divisions.

ESPÈCES NOUVELLES.

Division provisoire. — *Espèces dont la forme n'est pas suffisamment connue.*

1° ANCYLOCERAS KŒCHLINI, Astier.

Pl. I, n° 1.

Testâ discoideâ ter in spiram convolutâ, primo secundoque anfractu costis trituberculatis, striisque intermediis transversim ornatis, ultimo arcuato.

Coquille discoïde, spire composée de trois tours très-rapprochés. Les deux premiers présentent de petites côtes placées à des distances inégales, ornées de trois tubercules et séparées par des stries fines, variant de deux à huit. Ces côtes disparaissent vers le milieu du dernier tour qui est très-arqué, et il n'y reste que les stries dont les unes, au nombre de quatre à cinq, passent, comme les côtes, du dos au ventre sans s'interrompre, les autres, au nombre de trois seulement, se réunissent près du ventre où se voit un assez fort tubercule. L'une des stries qui se bifurquent ainsi sur le ventre porte toujours un petit tubercule près du dos, et, à mesure qu'on approche de la crosse, ce petit tubercule se montre sur presque toutes les stries. La bouche paraît devoir être très-peu distante du dernier tour de spire. Dans les individus plus développés, le tubercule du milieu disparaît complétement sur tout le dernier tour, et c'est à peine si on voit la trace de celui du dos. Cloisons invisibles ; coupe ovale.

Cette espèce, parfaitement distincte de toutes ses congénères connues, a été trouvée par moi à Anglès. Je la dédie à M. Joseph Kœchlin-Schlumberger, naturaliste de Mulhouse.

2° ANCYLOCERAS BINELLI, Astier.

Pl. II, n° 2.

Testâ discoideâ, compressâ, bis terve in spiram convolutâ, striis flexuosis gradatimque crescentibus transversim ornatâ, ultimo anfractu arcuato.

Coquille discoïde, aplatie, spire composée de deux tours et demi, ornée dans toute sa longueur de stries fines et régulièrement flexueuses ; une ou deux de ces stries, rarement trois, passent de l'une à l'autre région de la coquille sans se bifurquer : les autres se rencontrent ordinairement vers le milieu de chacun des côtés ou près du ventre, où elles forment un petit tubercule qui cesse de se montrer à mesure que la coquille se développe. Vers le milieu du dernier tour, on voit un sillon plus profond que celui qui sépare les autres stries, et un peu plus loin une strie beaucoup plus forte que les autres, placée entre deux sillons aussi profonds que le précédent ; on les prendrait pour des temps d'arrêt dans l'accroissement de l'animal. La bouche vers laquelle les stries deviennent plus fortes et plus espacées est, selon toute apparence, très-rapprochée du dernier tour de spire ; cloisons invisibles ; coupe elliptique.

Cette espèce a quelque ressemblance avec les *Crioceras Villiersianus et Cornuelianus* de M. d'Orbigny. Elle en diffère principalement par l'absence de tout tubercule sur le milieu des deux côtés et près du dos. Je l'ai trouvée à Cheiron et à Anglès; je la dédie à M. Bineau, professeur à la Faculté des sciences de Lyon.

3° ANCYLOCERAS PANESCORSII, Astier.

Pl. III, n° 3.

Testâ convexâ, ter quaterve in spiram convolvere visâ, costis proeminentibus et bituberculatis, striisque intermediis transversim ornatâ, ultimo anfractu arcuato.

Coquille convexe, spire composée de trois à quatre tours, le dernier paraissant se projeter en une ligne arquée. La coquille entière est ornée de côtes saillantes bituberculées, assez régulièrement disposées et séparées entre elles par des stries fines, variant de trois à quinze. Ces stries passent sans interruption du dos au ventre, mais les côtes s'effacent sur cette dernière région de la coquille. Cloison invisible; coupe circulaire.

M. Panescorse a trouvé cette espèce à Vergons, commune des Basses-Alpes, au sud-est d'Anglès, sur la route d'Anot. L'échantillon qu'il a bien voulu me communiquer n'ayant pas ses ornements assez apparents, M. Sablier s'est borné à en donner le trait, et a ensuite dessiné sur le dernier tour un fragment de la même espèce que j'ai trouvé à Barrême, et qui est bien mieux conservé.

1er Groupe. — Les Arquées.

4° ANCYLOCERAS SABLIERI, Astier.

Pl. IV, n° 4.

Testâ subellipticâ, bis in spiram convolutâ, costis gradatim crescentibus striisque intermediis transversim ornatâ, ultimo anfractu arcuato, hamopatulo, aperturâ costis majoribus propioribusque signatâ, tetragonâ.

Coquille subelliptique, spire composée de deux tours et demi, assez distants les uns des autres. Le dernier se projette en une ligne fortement arquée. De grosses côtes, au nombre de trente-cinq dans l'échantillon que je possède, placées à des distances inégales, et ornées de trois tubercules au premier tour de spire seulement, passent sans interruption du dos au ventre. Ces côtes sont séparées par des stries, variant de quatre à dix-huit, flexueuses sur le ventre comme les côtes, passant comme elles sur le dos, et s'effaçant presque près de la bouche. La crosse est très-dilatée, et la bouche qui est de forme tétragone, et vers laquelle les grosses côtes se rapprochent de plus en plus, est peu distante de la spire. Cloisons invisibles.

Cette belle espèce, réduite de moitié sur la planche qui la représente, diffère de l'*Ancyloceras dilatatus* de M. d'Orbigny par le nombre et la disposition de ses côtes, et de l'*ornatus* du même auteur, par la forme de son enroulement et l'absence des tubercules sur le dernier tour. Je l'ai trouvée sur le revers septentrional de Cheiron, près de Castellane, un peu au-dessus du torrent qui longe cette montagne. Je me fais un devoir de la dédier à mon ami Sablier, à l'obligeance duquel je dois le dessin de toutes les espèces que je fais connaître ici. Rare.

5° ANCYLOCERAS PUGNAIRII, Astier.

Pl. I, n° 5.

Testâ subdiscoideâ, gracili, semel vel bis in spiram convolutâ, striis primum simplicibus, mox duplicatis identidemque triplicatis transversim ornatâ, ultimo anfractu arcuato, magis aperto.

Coquille subdiscoïde, grêle; spire composée d'un tour et demi, le dernier se projetant en une ligne fortement arquée. La coquille entière est ornée d'abord de stries régulières, passant sans interruption du dos au ventre. Ces stries simples sur la première partie de la spire, sont bientôt remplacées tantôt par deux côtes, tantôt par trois. Quand les côtes sont triples,

les deux premières, en partant du côté de la bouche, sont toujours plus apparentes que la troisième, un canal assez profond et très-étroit sépare chaque côte, puis entre chaque réunion de côtes se montre un autre canal non moins profond, mais plus large que le premier. Cloisons invisibles. Coupe circulaire.

L'échantillon que je possède, le seul que j'aie encore rencontré, n'a pas de crosse, il vient de la partie supérieure du ravin de St-Martin, près d'Escragnolles. Je le dédie à mon ami Pugnaire, de Grasse.

6° Ancyloceras Moutoni, Astier.

Pl. I, n° 6.

Testâ convexâ subgracili, bis terve in spiram convolutâ, tribus tuberculis circa anfractus, uno tantum in projectione, moxque tribus majori spatio prodeuntibus transversim ornatâ, striis majoribus interjectis, ultimo anfractu arcuato.

Coquille convexe, moins grêle que la précédente, spire composée de deux à trois tours, ornée de côtes à trois tubercules et séparées par des stries fines, flexueuses, d'abord peu nombreuses, mais s'augmentant bientôt et allant jusqu'à douze, à mesure qu'elles s'approchent de la crosse. Vers la fin du dernier tour qui est arqué, et à peu près au point où le prolongement commence, le tubercule du milieu disparaît, et il n'y a plus d'apparent que celui qui se trouve vers le dos, à la réunion des stries qui s'y trifurquent. Le tubercule qui est près du ventre, et auquel aboutit la trifurcation, est très-peu marqué ; à partir de la seconde moitié du prolongement, les trois tubercules se montrent de nouveau de chaque côté, mais à de plus grands intervalles. Les stries passent toutes sans interruption du dos au ventre, où elles s'inclinent un peu en avant. Cloisons invisibles. Coupe circulaire.

Cette espèce m'a été communiquée par M. Mouton, à qui je la dédie. Elle a été trouvée à Anglès, dans la localité que j'ai déjà indiquée.

7° ANCYLOCERAS THIOLLIEREI, Astier.

Pl. V, n° 7.

Testâ subdiscoideâ, ter quaterve in spiram convolutâ, costis trituberculatis striisque intermediis transversim ornatâ, ultimo anfractu arcuato, magis aperto.

Coquille subdiscoïde, spire composée de trois à quatre tours, dont le dernier beaucoup plus écarté que les autres se projette en une ligne fortement arquée. La coquille entière est ornée de petites côtes ayant de chaque coté trois tubercules, interrompues sur le dos et se bifurquant près du ventre. Ces côtes sont séparées par des stries, variant de trois à cinq, dont la première se bifurque des deux côtés avec la côte, au point où naissent les tubercules ; ces stries passent sans interruption du dos au ventre où elles se bifurquent aussi. La crosse manque à l'échantillon que j'ai sous les yeux, et je n'ai pu encore en rencontrer de plus complet. Cloisons invisibles. Coupe subcirculaire.

Cette espèce, rencontrée par moi aux environs d'Anglès, semble avoir quelque ressemblance avec l'*Ancyloceras Matheronianus* de M. d'Orbigny. Elle en diffère surtout par les bifurcations que l'on voit sur les deux côtés entre les tubercules, et par le nombre des stries intermédiaires. Je la dédie à M. Victor Thiollière, secrétaire de la Société d'agriculture et d'histoire naturelle, et l'un des amateurs de géologie les plus distingués de Lyon.

2ᵉ Groupe. — LES RECOURBÉES.

8.° ANCYLOCERAS MULSANTI, Astier.

Pl. VI, n° 8.

Testâ subtetragonâ, subelongatâ, ter quaterve in spiram convolutâ, striis primùm minimis gradatimque crescentibus transversim ornatâ, ultimo anfractu magis aperto, primùm arcuato, mox directâ ferè lineâ usque ad hamum projecto, costis duabus antè hamum signato, hamo leviter incurvato, aperturâ duplici costâ fictâ.

Coquille subtétragone, peu allongée, aplatie, spire composée de trois tours et demi très-rapprochés l'un de l'autre. Le dernier s'écarte subitement et se projette en une ligne d'abord arquée, puis presque droite jusqu'à la crosse. Des stries fines aux premiers tours, puis grossissant graduellement à mesure que la coquille se développe, l'ornent dans toutes ses parties, et passent sans interruption du dos au ventre où elles sont moins apparentes. Vers les deux tiers du prolongement, on remarque une assez grosse côte, qui semble indiquer un temps d'arrêt dans le développement de l'animal; une autre côte semblable se voit près de la crosse; elle est séparée de la première par une douzaine de stries. A partir du premier temps d'arrêt jusqu'à la bouche, les stries se bifurquent des deux côtés du dos. Elles deviennent plus grandes et plus espacées à la courbe formée par la crosse; une double côte que l'on voit à l'extrémité, indique la bouche qui est peu distante du dernier tour de spire. Cloisons invisibles; coupe ovale.

Cette espèce, par l'irrégularité de son prolongement que j'ai vue répétée sur plus d'un échantillon, et par l'absence absolue de tubercules, se distingue de toutes les autres. Je l'ai trouvée à Cheiron, et je me fais un plaisir de la dédier à M. Mulsant, entomologiste distingué et professeur d'histoire naturelle au Lycée de Lyon.

9° Ancyloceras Tabarelli, Astier.

Pl. VII, n° 9.

Testâ ovatâ, subelongatâ, bis in spiram convolutâ, striis costisque trituberculatis in anfractibus, partimque bituberculatis in projectione transversim ornatâ, ultimo anfractu flexuosè projecto, hamo regulariter incurvato, aperturâ striis majoribus flexuosisque signatâ, à spirâ parum semotâ.

Coquille ovale, médiocrement allongée; spire composée de deux tours grêles, très-rapprochés, le dernier, peu distant de la bouche, se projette en une ligne flexueuse. Des côtes ayant trois tubercules de chaque côté ornent les tours de la spire, et sont séparées entre elles par des stries fines, variant de deux à huit. A peu près aux deux tiers du prolongement de la spire, le tubercule du milieu et celui du dos disparaissent, et on ne voit plus que celui du ventre, où les stries se bifurquent, et qui se continue jusqu'à la bouche; ces stries, ainsi que les côtes, passent sans interruption de l'une à l'autre région de la coquille. La bouche, vers laquelle les stries deviennent de plus en plus saillantes, est peu éloignée du dernier tour de spire. Cloisons invisibles; coupe elliptique.

Cette espèce se distingue facilement de l'*Ancyloceras Puzosianus* de M. d'Orbigny, par la flexuosité de son prolongement, et la disposition de ses côtes et de ses tubercules. Je l'ai trouvée à Anglès, où elle n'est pas rare. Je la dédie à M. Tabareau, doyen de la Faculté des sciences de Lyon.

10° ANCYLOCERAS FOURNETI, Astier.
Pl. VII, n° 10.

Testâ elongatâ, ter in spiram convolutâ, striis gradatim crescentibus transversim ornatâ, ultimo anfractu flexuosè projecto, hamo rotundè incurvato, aperturâ costis vel striis majoribus flexuosisque signatâ.

Coquille allongée, spire composée de trois tours, le dernier, assez distant de la bouche, se projette en une ligne légèrement flexueuse au milieu. La coquille est ornée en entier de stries d'abord très-fines et grossissant progressivement. Ces stries se bifurquent à la crosse et vont en ondulant de la crosse à la bouche qui est marquée par des stries plus saillantes. Au point où la crosse commence, on voit un sillon plus profond que suit une strie plus grosse ; ce sillon se fait encore remarquer de l'autre côté de la crosse. Cloisons invisibles ; coupe elliptique.

Cette espèce, que l'absence des tubercules empêche de confondre avec la suivante, a été trouvée par moi à Cheiron. Je la dédie à M. Fournet, président de la Société d'agriculture, et professeur à la Faculté des sciences de Lyon.

11° Ancyloceras Vanden-Heckii, Astier.

Pl. II, n° 11.

Testâ elongatâ, bis terve in spiram convolutâ, costis majoribus trituberculatis minoribusque intermediis transversim ornatâ, ultimo anfractu gradatim tumescente flexuosèque porrecto.

Coquille allongée, flexueuse au milieu de sa longueur, spire composée de deux à trois tours non moins écartés et aussi distants de la bouche que dans l'espèce suivante. Le dernier de ces tours est bien plus grand que les autres ; et se prolonge en grossissant progressivement. La coquille entière est ornée de grosses côtes interrompues sur le dos, pourvues de chaque côté de trois tubercules, dont un vers le dos, un au milieu et l'autre près du ventre, où se forment des bifurcations et où les grosses côtes disparaissent. Entre chacune de ces côtes il s'en trouve une autre moins grosse, dépourvue de tubercules, passant sur le dos et se bifurquant irrégulièrement sur le ventre. Cloisons invisibles ; coupe ovale.

Cette espèce fort remarquable a quelque ressemblance avec l'*Ancyloceras Matheronianus* de M. d'Orbigny. Elle en diffère surtout par le nombre et la forme de ses côtes, et par les bifurcations qu'elle a sur le ventre. Je l'ai trouvée le long du torrent qui est en face d'Anglès, sur une roche que j'ai mise entièrement à découvert ; j'ai pu m'assurer ainsi que la crosse manquait réellement, et que l'animal qui habitait cette coquille avait sans doute péri au moment où il travaillait à la former. Je me fais un devoir de la dédier à M. l'abbé Vanden-Hecke, vicaire général du diocèse de Versailles et naturaliste très-distingué.

12° ANCYLOCERAS AUDOULI, Astier.

Pl. VI, n° 12, et pl. VII, n° 12 bis.

Testâ elongatâ, bis in spiram convolutâ, transversim striatâ, ultimo anfractu flexuosè projecto, hamo gradatim tumescente ferèque quadrato, tribus tuberculis usquè ad aperturam ornato, aperturâ levi contractione expletâ.

Coquille allongée, flexueuse aux deux tiers de sa longueur; spire composée de deux tours disjoints, très-distante de la bouche. Le prolongement du dernier tour est d'abord légèrement aplati, mais cet aplatissement disparaît peu à peu, et, vers le milieu, il prend un renflement considérable et devient presque carré. La coquille entière est ornée de stries régulières, rapprochées, et passant sans interruption du dos au ventre. Vers la fin du dernier tour de la spire, on remarque quatre légères dépressions d'où résultent autant de petites côtes ornées de chaque côté de deux tubercules à peine apparents. Ces tubercules disparaissent sur le prolongement, et ne se montrent plus qu'au point où le renflement et la crosse commencent; on les voit alors au nombre de trois, à peu de distance l'un de l'autre, et bien plus gros que les premiers, surtout celui du milieu; ils se continuent ainsi jusqu'à la bouche qui finit en se rétrécissant. Les cloisons sont trop peu apparentes pour qu'il soit possible de les décrire exactement; coupe subcirculaire.

Cette magnifique espèce ne saurait se confondre avec aucune autre. Elle a été trouvée à Cheiron, près de Castellane, au-dessous de la Baume, par M. Audoul, qui a bien voulu me la céder, et à qui je m'empresse de la dédier. M. Panescorse l'a des environs de Comps (Var).

3ᵉ Groupe. — LES ÉLANCÉES.

13° ANCYLOCERAS JOURDANI, Astier.
Pl. VIII, n° 13.

Testâ elongatâ, compressâ, bis in spiram convolutâ, striis continuis ornatâ; ultimo anfractu rectè projecto costisque duobus distanter notato, hamo subitò inclinato, aperturâ striis flexuosis costisque proeminentibus signatâ.

Coquille allongée et aplatie; spire à peine composée de deux tours; le dernier, très-distant de la bouche, se projette en une ligne droite jusqu'à la crosse, qui tourne brusquement. La coquille entière est ornée de stries fines et régulières, passant sans interruption du dos au ventre, et se bifurquant au point où la crosse commence. Au milieu du prolongement et un peu au-dessous de la crosse, on aperçoit deux côtes qui semblent autant de temps d'arrêt dans l'accroissement de l'animal. Les stries deviennent plus flexueuses vers la bouche qui est indiquée par deux côtes saillantes entre lesquelles sont d'autres côtes moins prononcées. Cloisons invisibles; coupe elliptique.

Cette espèce, différente des précédentes par la forme de son prolongement, la disposition et le nombre de ses côtes, a été trouvée par moi aux environs d'Anglès. Je la dédie à M. Jourdan, directeur du Musée d'histoire naturelle et professeur à la Faculté des sciences de Lyon.

14° ANCYLOCERAS TERVERI, Astier.
Pl. VII, n° 14.

Testâ elongatâ, subdepressâ, bis terve in spiram convolutâ, costis trituberculatis, striisque intermediis et sœpius transversis ornatâ, ultimo anfractu rectâ ferè lineâ usque ad hamum projecto.

Coquille allongée, un peu aplatie, spire composée de deux

tours et demi, le dernier se projette en une ligne presque droite. Des côtes, au nombre de vingt-neuf, depuis le dernier tour de spire jusqu'à la crosse, sont ornées de chaque côté de trois tubercules et séparées entre elles par un nombre inégal de stries. Ces stries, comme les côtes passent sur le dos sans interruption, mais il n'en est pas de même pour la région opposée, où toutes n'arrivent pas. Elles s'arrêtent près du ventre où elles forment bifurcation, et alors des deux il n'y en a qu'une qui ne s'interrompt pas. Parmi ces dernières, il en est une qui se bifurque toujours avec la côte tuberculée au milieu et près du dos, au point où naissent les tubercules, et y forme ainsi comme l'anneau allongé d'une chaîne. La crosse est à peine indiquée dans l'échantillon que je possède; on peut cependant penser qu'elle se courbe légèrement et que la bouche ne doit être qu'à une distance moyenne du dernier tour de spire. Cloisons invisibles; coupe ovale.

Cette espèce vient de Cheiron, où je n'ai encore rencontré qu'un seul échantillon. Je la dédie à M. Terver, conchyliologiste distingué de Lyon.

15° ANCYLOCERAS SARTOUSII, Astier.

Pl. III, n. 15.

Testâ elongatâ, bis in spiram convolutâ, costis trituberculatis striisque intermediis transversim ornatâ, ultimo anfractu longistrorsum arcuato.

Coquille allongée, spire composée de deux tours; le dernier se projette en une courbe assez prononcée. La coquille entière est marquée, à des intervalles de plus en plus distants, de côtes ornées de trois tubercules peu apparents, l'un près du dos, l'autre au milieu et le troisième près du ventre. Ces côtes sont séparées par des stries très-fines, de plus en plus nombreuses à mesure qu'elles s'éloignent de la spire. Les côtes, ainsi que les stries, passent régulièrement et sans s'interrompre sur les deux régions de la coquille. La crosse manque à l'échantillon que je possède. Cloisons invisibles ; coupe elliptique.

Cette espèce, parfaitement distincte de toutes les autres, a été trouvée par moi à Cheiron. Je la dédie à M. le chevalier de Sartous.

16° ANCYLOCERAS SERINGEI, Astier.

Pl. VIII, n° 16.

Testâ elongatâ, bis in spiram convolutâ, costis inæqualiter distantibus striisque intermediis transversim ornatâ, ultimo anfractu primùm incurvato deindè rectè projecto.

Coquille allongée, spire à peine composée de deux tours ; le dernier, d'abord recourbé, se projette ensuite en une ligne presque droite. Des côtes de plus en plus marquées, à mesure qu'elles s'approchent de la crosse, ornent cette coquille de distance en distance, et sont séparées l'une de l'autre par des stries fines d'autant plus nombreuses que les côtes sont plus espacées ; elles varient de dix à vingt. Ces stries, ainsi que les côtes, passent sans interruption du dos au ventre, près duquel elles forment une légère ondulation. La crosse manque et les cloisons ne sont pas visibles ; coupe elliptique.

Cette espèce diffère de la précédente par la forme plus droite du prolongement du dernier tour, par la flexuosité des côtes et des stries, et par l'absence des tubercules. Je l'ai trouvée à Cheiron, et je la dédie à M. Seringe, directeur du Jardin des Plantes et professeur à la Faculté des sciences de Lyon.

17° ANCYLOCERAS JAUBERTI, Astier.

Pl. IX, n° 17.

Testâ elongatâ, subdepressâ, semel aut bis in spiram convolutâ, striis æqualibus gradatimque crescentibus transversim ornatâ, ultimo anfractu leviter incurvato, hamo usquè ad spiram projecto, aperturâ striis majoribus signatâ.

Coquille allongée, un peu aplatie; spire composée d'un tour et demi, le dernier se projette en une ligne légèrement inclinée jusqu'à la crosse. La coquille entière est ornée de stries fines et régulières, passant sans interruption du dos au ventre; on n'y voit pas le moindre tubercule. La crosse tourne assez brusquement et descend jusqu'à la spire, une légère flexuosité se fait remarquer à l'extrémité de ce second prolongement. La bouche n'est pas complète, mais elle est indiquée par quelques stries plus grosses, séparées par d'autres plus fines dont quelques-unes se bifurquent près du dos. Il paraît qu'elle s'avançait sur le dernier tour de spire, dont elle est très-rapprochée. Cloisons invisibles; coupe elliptique.

Cette singulière espèce a été trouvée aux environs d'Anglès. Je la dédie à mon ami Jaubert, naturaliste plein de zèle, employé, à Draguignan, dans l'administration des ponts et chaussées.

On voit, par ce qui précède, que, sur vingt-une espèces d'*Ancyloceras* ou de *Crioceras* citées par M. d'Orbigny, comme se trouvant en France, seize se rencontrent à Escragnolles ou dans les Basses-Alpes. Si, à ces espèces, on ajoute les *Crioceras* de Léveillé et celles que je viens de décrire, on trouvera que la France est, de tous les pays, celui qui, jusqu'à ce jour, en a fourni le plus, et que de toutes les localités de la France, les environs d'Escragnolles et de Castellane sont sans contredit les plus riches.

Que les naturalistes étrangers ne se lassent donc pas de les explorer; ils peuvent compter sur l'exactitude de mes indications, et j'ai l'assurance que leurs recherches auront des résultats heureux; car, s'ils ne rencontrent pas toujours beaucoup d'*Ancyloceras*, ils seront dédommagés par les autres céphalopodes cloisonnés qui y abondent, et dont je possède déjà plus de quatre cents espèces. C'est surtout à Cheiron, à Anglès et à Barrême qu'ils trouveront les *Ancyloceras* de taille inférieure ou moyenne dans un bel état de conservation. Ceux à grandes dimensions ne se sont encore rencontrés qu'au-dessous de Castellane et dans les environs d'Escragnolles ; mais les échantillons complets y sont rares, bien moins frais, et ce n'est qu'à force de temps et de patience qu'on peut les dégager.

(Extrait des *Annales de la Société nationale d'agriculture, d'histoire naturelle et des arts utiles de Lyon.* — 1851.)

Pl. I.

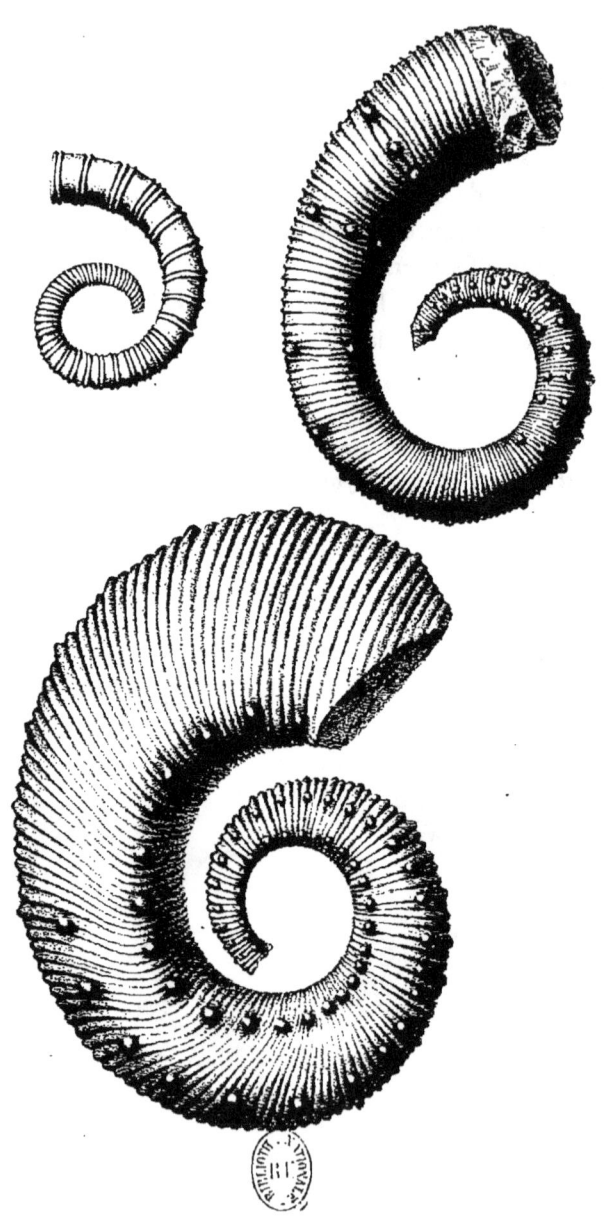

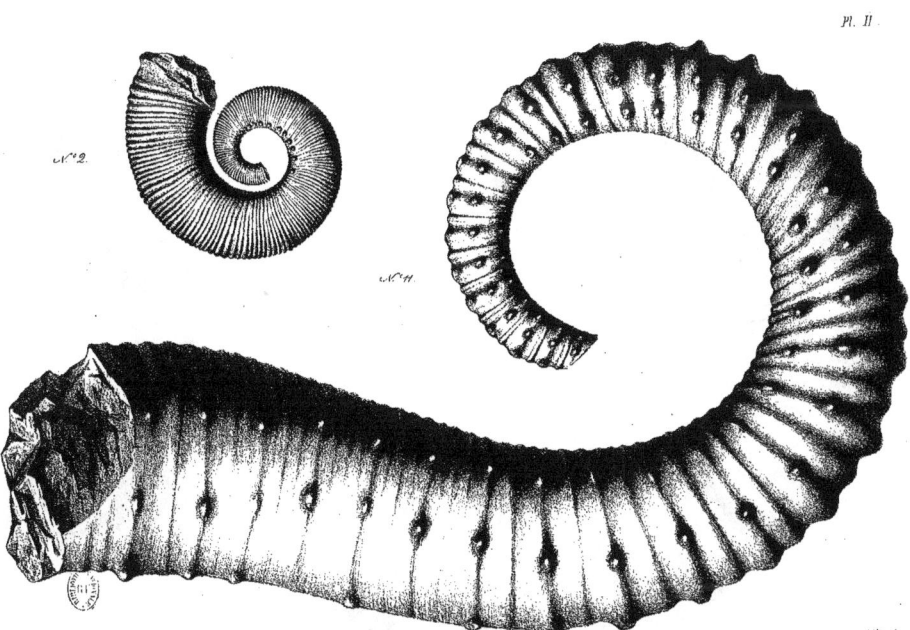

Pl. II.

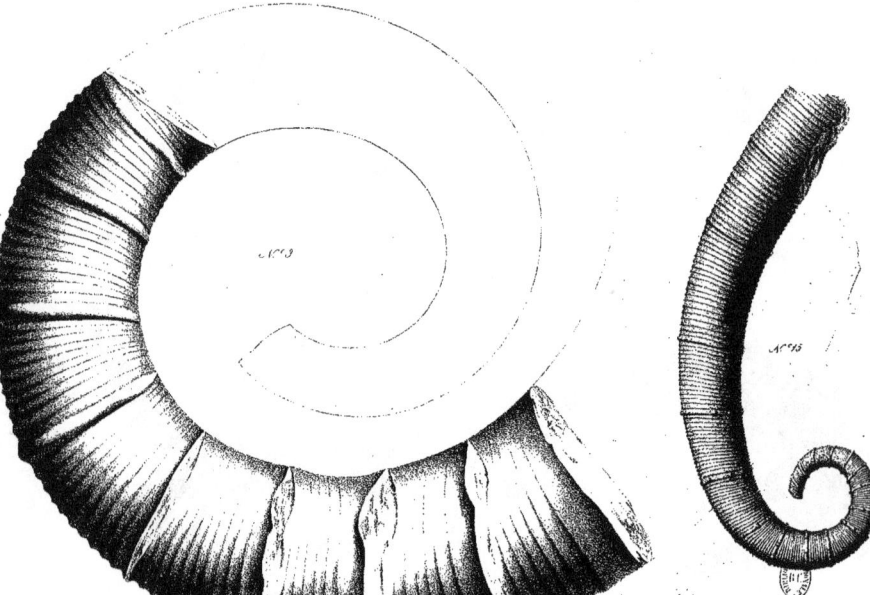

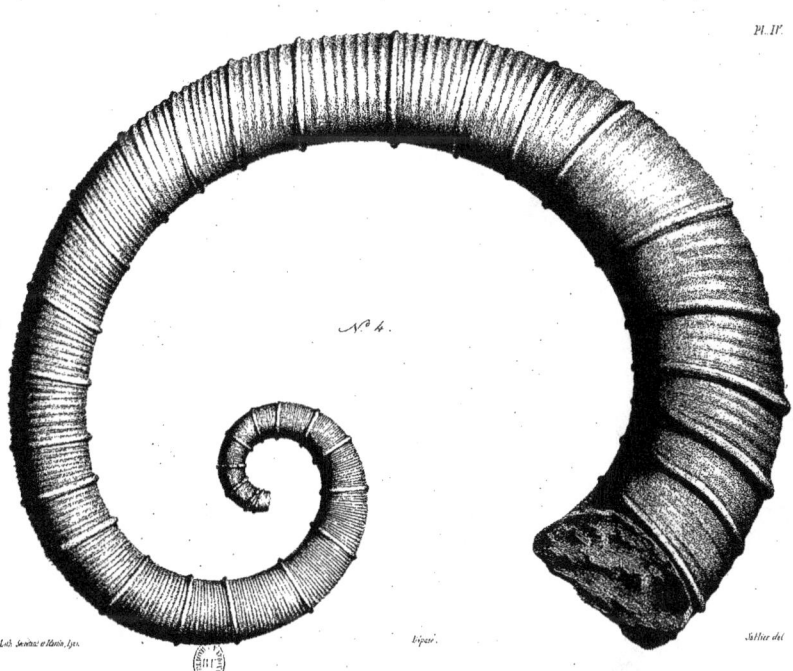

Pl. V.

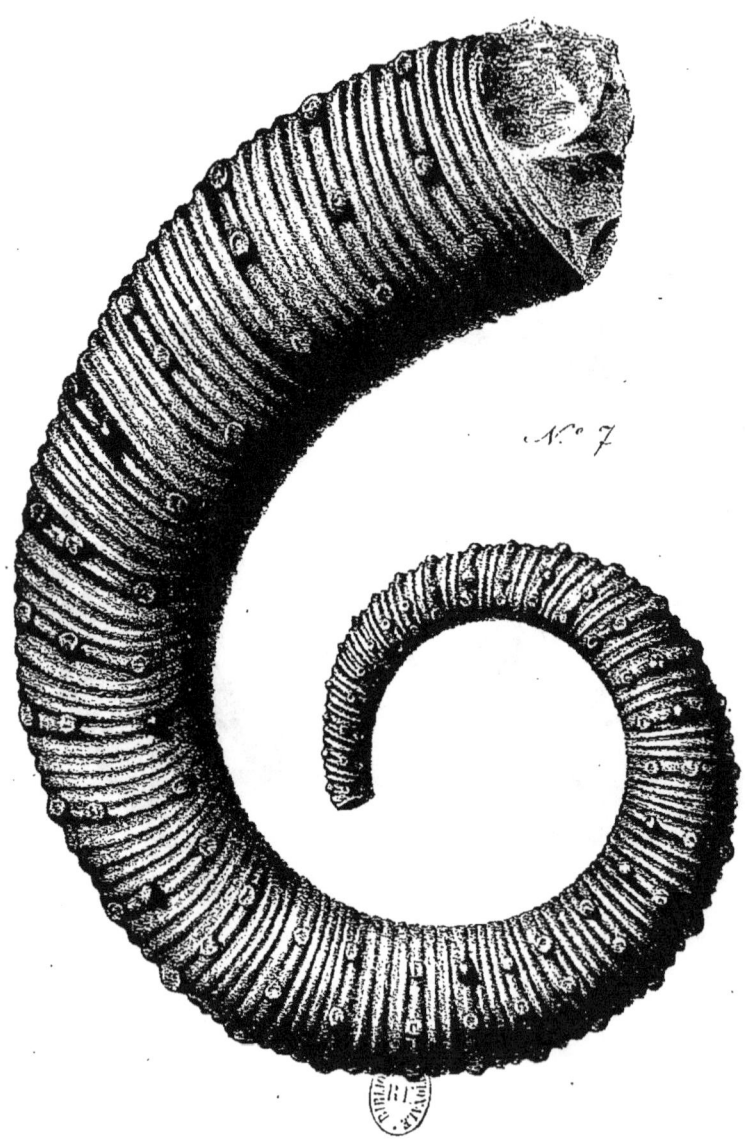

N.º 7

Lith. Secrétant et Martin, r. Centrale, 87.

Sablier del.

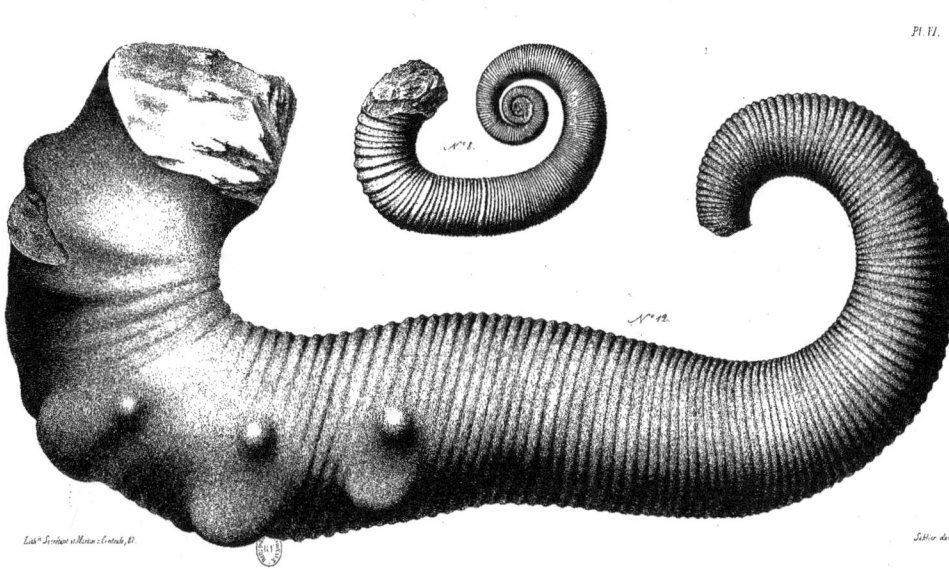

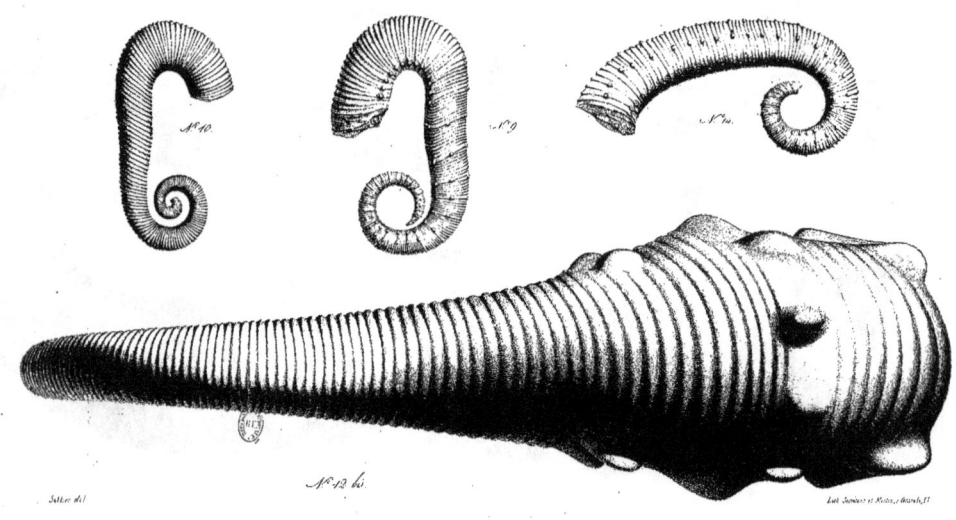

Pl. VIII

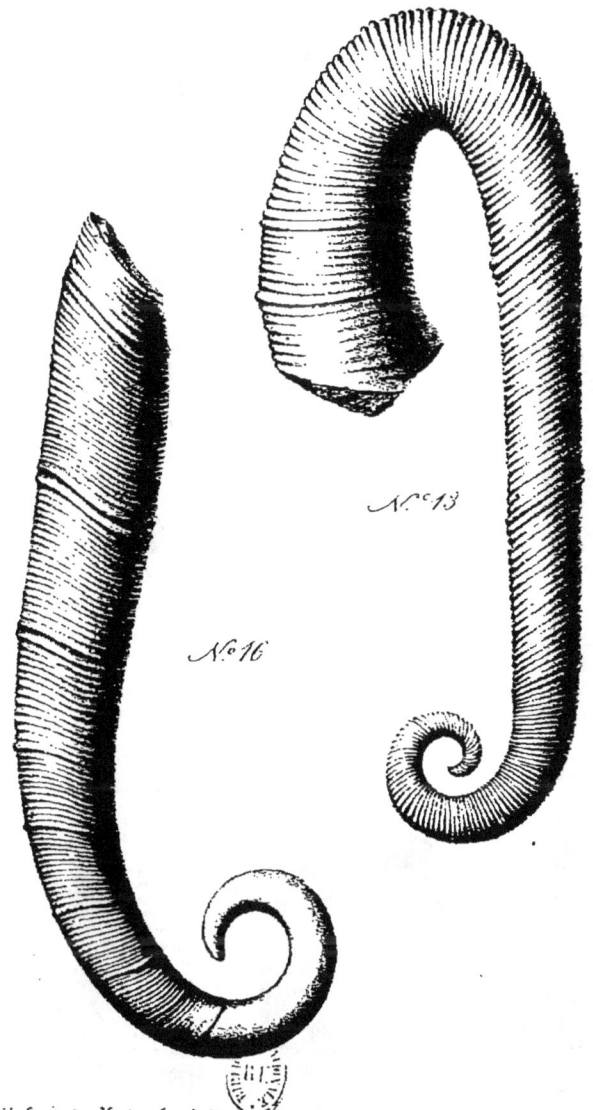

Pl. IX.

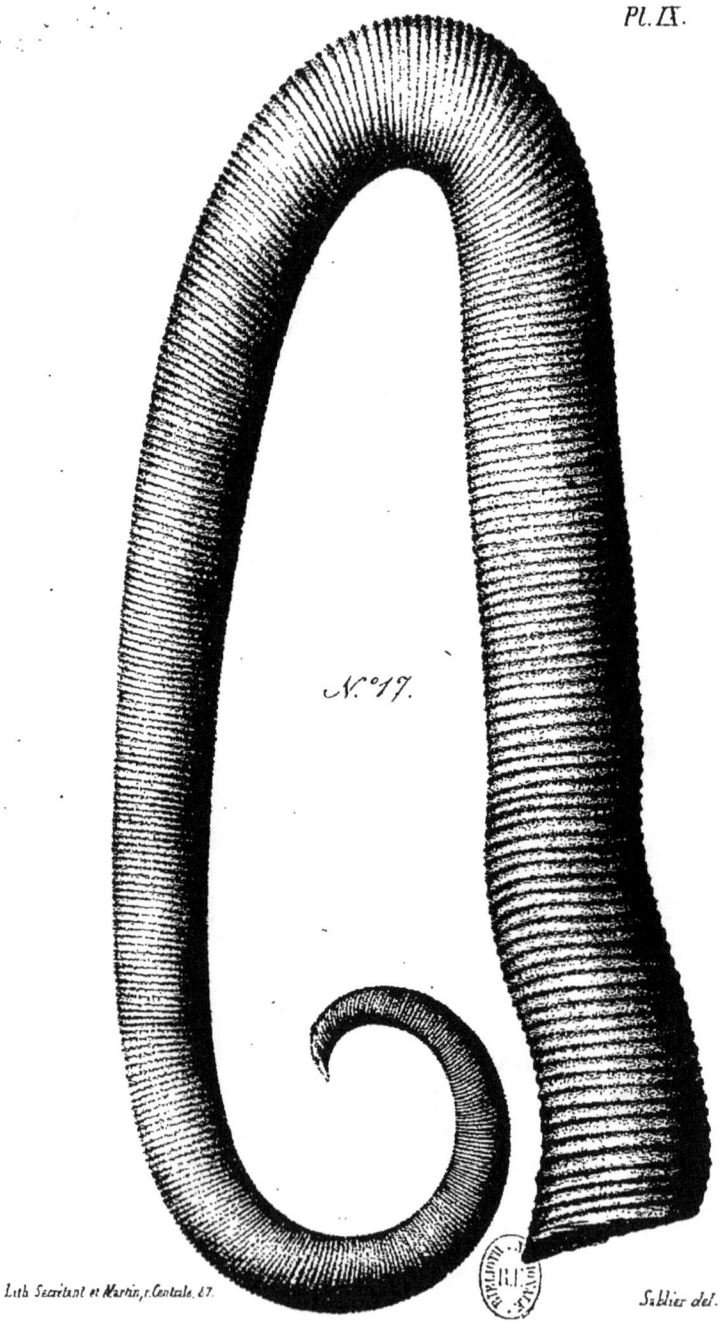

N.º 17.

Lith. Secrétant et Martin, r. Centrale. 47.   Sablier del.

www.ingramcontent.com/pod-product-compliance
Lightning Source LLC
Chambersburg PA
CBHW060702050426
42451CB00010B/1235